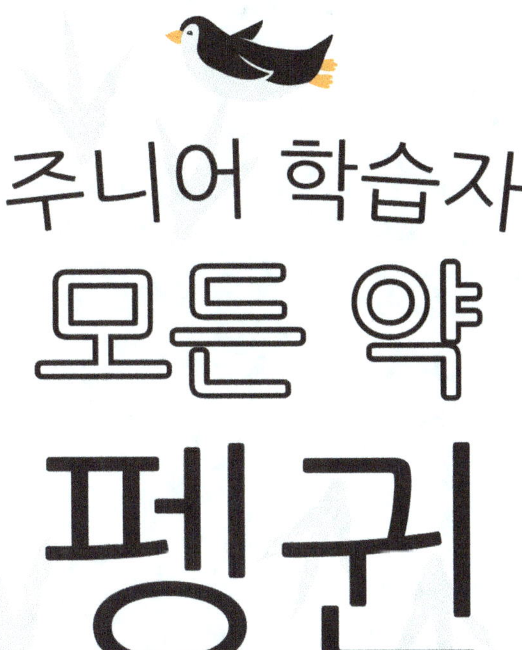

주니어 학습자
모든 약
펭귄

샬롯 손

주니어 학습자

모든 약
펭귄

샬롯 손

펭귄은 날지 못하는 물새로서 사랑스러울 뿐만 아니라 흥미롭습니다!

펭귄 화석의 연대는 6천만년 이상으로
거슬러 올라갑니다.

펭귄에 대해 최초로 알려진 설명은 16세기 포르투갈 탐험가로부터 나왔습니다.

Palaeeudyptes klekowskii의 유명한 화석은 키가 6피트인 멸종된 펭귄을 보여줍니다!

이제 가장 큰 펭귄 종은 황제펭귄입니다. 그들은 키가 3피트 이상일 수 있습니다.

펭귄은 깃털이 있고 알을 낳을 수 있기 때문에 새로 분류됩니다. 그들은 대부분의 다른 새들처럼 날 수 없습니다.

펭귄은 뛰어난 잠수부이며 일부 종은 1,500피트 이상의 깊이에 도달할 수 있으며 최대 20분 동안 숨을 참을 수 있습니다.

펭귄 깃털은 방수 단열 기능을 제공하여 따뜻하게 유지합니다.

펭귄은 브레잉(braying)이라는 목소리를 사용하여 서로 소통합니다.

실제 유명한 펭귄은 많지 않지만..

...많은 영화에 펭귄이 등장합니다! 메리 포핀스, 마다가스카르, 해피피트 등!

펭귄에게도 가족이 있다는 사실을 알고 계셨나요? 엄마 펭귄과 아빠 펭귄이 함께 아이들을 키우게 됩니다.

황제펭귄을 제외하고는 엄마 펭귄과 아빠 펭귄이 번갈아가며 알을 따뜻하게 유지합니다. 그들과 함께 아버지는 혼자서 계란을 따뜻하게 유지합니다.

펭귄의 다양한 종을 살펴보겠습니다.

황제펭귄

그들은 펭귄 종 중에서 가장 크고... 가장 무겁습니다! 그들은 매우 귀여운 아기와 검은색, 흰색, 노란색의 외모로 유명합니다. 그들은 최악의 날씨도 견딜 수 있습니다.

아델리 펭귄

이 새들은 작지만 개성이 넘칩니다! 황제펭귄과 마찬가지로 그들은 북극펭귄이다. 그들은 훌륭한 수영 선수이자 다이버이며 눈 주위에 흰색 고리가 있는 것으로 유명합니다.

킹 펭귄

주황색 표시 때문에 황
제펭귄과 비슷하게 보입
니다. 그들은 두 번째로
큰 펭귄 종이며 새끼는
갈색의 작은 퍼프처럼
보입니다.

젠투 펭귄

이 펭귄은 밝은 주황색 부리와 발을 가지고 있습니다. 다소 작아 보이지만 세 번째로 큰 종입니다! 그들은 남극 지역에서 발견됩니다.

턱끈펭귄

이 펭귄들은 재미있어 보이는 것들이에요. 목 밑에 검은 줄이 있어서 턱끈이라 불립니다. 그들은 좋은 등산가입니다.

마카로니 펭귄

이 새들은 큰 군집을 이루고 있습니다. 그들은 활력이 넘치고 매우 사교적인 것으로 알려져 있습니다. 그들은 "볏"이라고도 불리는 노란색 머리로 가장 잘 알려져 있습니다.

바위뛰기 펭귄

이 펭귄은 최고의 문장을 가지고 있습니다! 머리가 얼마나 뾰족하고 노란색인지 보세요. 그들은 또한 빨간 눈을 가지고 있습니다. Rockhopper Penguin은 놀라운 등반가로 알려져 있습니다.

마젤란펭귄

가슴에 검은색 말굽 띠가 있고 따뜻한 지역에서 발견되는 펭귄 종 중 하나입니다. 그들의 집은 남미 해안입니다!

훔볼트 펭귄

이 펭귄 역시 남아메리카
가 원산지입니다. 얼굴에
분홍색 반점이 있고 수영
을 아주 잘합니다.

갈라파고스 펭귄

이들은 지구를 북쪽과 남쪽으로 나누는 선인 적도 북쪽에서 발견되는 유일한 펭귄입니다. 그들은 아주 작은 새입니다.

아프리카 펭귄

이 펭귄들은 매우 독특한
소리를 가지고 있습니다.
그들의 울음소리는 당나
귀처럼 들립니다! 따라서
그들의 이름은 아프리카
대륙의 남쪽 부분에 살고
있습니다.

노란눈 펭귄

이 새들은 뉴질랜드를 그들의 고향이라고 부릅니다. 그들은 노란 눈을 가지고 있을 뿐만 아니라 머리 주위에 노란 띠를 가지고 있습니다. 이들은 가장 희귀한 펭귄 종 중 하나입니다.

작은 파랑 펭귄

펭귄종 중 가장 작기 때문에 요정펭귄이라고도 불립니다. 이 작은 새들은 호주와 뉴질랜드에서 발견됩니다.

로얄 펭귄

이 새들은 재미있어 보이는 노란색 문장과 머리를 가지고 있습니다. 맥쿼리섬에만 살지만 대부분의 삶을 바다에서 보낸다.

피오르드랜드 펭귄

노란색 볏으로도 알려져 있으며 뉴질랜드 남섬 피오르드에 살고 있습니다. 덤불 밑이나 나무뿌리 사이에 둥지를 틀고 있습니다.

직립 볏 펭귄

이 새들은 매우 높은 노란색 볏을 가지고 있으며 남극 섬 주변에서 발견됩니다. 그들은 매우 사교적이며 목소리를 내는 새입니다!

스네레스 펭귄

이 펭귄은 직립볏펭귄과 비슷하게 생겼습니다. 그들은 바위가 많은 해안에 살고 있으며, 수영할 때 바다에서 위장할 수 있습니다.

볏 펭귄

이 뉴질랜드 새는 군집을 이루고 다른 많은 종과 마찬가지로 긴 노란색 눈썹을 가지고 있습니다. 그들은 크릴새우를 먹습니다.

펭귄은 우리 생태계를 돕습니다.

야생 펭귄 개체수는 과학자들에게 해양 생태계가 얼마나 건강한지 알려줍니다.

펭귄의 다이빙 능력
에 대한 연구는 수중
기술 개발에 영감을
주었습니다.

펭귄의 짝짓기 및 양육 행동에 대한 연구는 자녀 양육과 인간 간의 관계에 대한 통찰력을 제공했습니다.

펭귄은 우리 생태계와 삶의 순환에서 중요한 부분을 차지합니다. 그들은 지구에서 가장 매력적이고 귀여운 생물 중 하나입니다.

9 798869 018373